S. 488/6

JEU ZOOLOGIQUE

ET GÉOGRAPHIQUE,

Destiné à l'amusement et à l'instruction de la Jeunesse.

Par L. F. JAUFFRET.

Ce Jeu est composé de cinquante-deux figures de quadrupèdes et de bipèdes, dessinées, avec la dernière précision, par DESEVE, et gravées, avec beaucoup de soin, par PIERRON : plus, de quatre petites Cartes géographiques, représentant chacune une des parties du monde.

Chaque figure est accompagnée d'une explication succincte, tirée des meilleurs Naturalistes.

Prix 4 fr. en noir, 6 fr. colorié.

A PARIS,

Au BUREAU du *Courrier des Enfans* et du *Courrier des Adolescens*, rue de Vaugirard, n°. 1201, derrière l'Odéon;

Et chez MARTINET, Libraire et Marchand d'estampes, rue du Coq-Honoré, n°. 124.

AN VII.

Ce jeu est composé de quatre petites cartes géographiques représentant chacune une des parties du monde, et de 52 fig. de quadrupèdes et bipèdes, remarquables par la variété de leur forme et par le contraste de leurs habitudes.

13 quadrupèdes et bipèdes correspondent à la carte d'Europe, 13 à la carte d'Asie, 13 à la carte d'Afrique, 13 à la carte d'Amérique.

Les 7 quadrupèdes affectés à l'Europe sont: *le cheval, le taureau, le chien de berger, le chat, le renne, le cerf, l'ours blanc.* Les 6 bipèdes sont: *l'aigle, le vautour, l'outarde, le chat huant, le coq, le paon.*

Les 7 quadrupèdes affectés à l'Asie sont: *l'éléphant, le rhinocéros, le chameau, le pangolin, le jocko, le nasique, le porc-épic.* Les 6 bipèdes sont: *le faisan, l'oiseau de paradis, la sarcelle de la Chine,* une variété du *pigeon, le promerops, le lori.*

Les 7 quadrupèdes affectés à l'Afrique sont: *l'hyppopotame, le tigre, le lion, l'antilope, le zèbre, la giraffe, le babiroussa.* Les 6 bipèdes sont: *le calao, la frégate, l'oiseau royal, l'autruche, le secrétaire, le casoar.*

Les 7 quadrupèdes affectés à l'Amérique sont: *le tapir, le cougar, le tatou, l'alouate, la chauve-souris-céphalote, le fourmillier, le morse.* Les 6 bipèdes sont: *l'oiseau-mouche, le jabiru, l'ara vert, le toucan, le flamand, le kamichy.*

Ceux qui voudront faire servir ces planches à l'ornement de leurs chambres ou cabinets, pourront les faire encadrer et étudier la Zoologie en les parcourant.

Ceux qui voudront jouer au *Jeu Zoologique* couperont chaque planche en quatre et procéderont de la manière suivante.

Deux, quatre, six enfans (n'importe le nombre pourvu qu'il soit pair) se réuniront autour d'une table de jeu.

On mêlera les cartes et chacun en tirera une.

Celui qui aura la plus forte en valeur, aura le droit de distribuer les cartes à ceux qui joueront avec lui.

Les cartes seront distribuées au hasard et en nombre égal à chaque joueur.

Les quatre cartes géographiques, *l'Europe*, *l'Asie*, *l'Afrique* et *l'Amérique*, valent chacune 5 points.

Les quatre n°s. 1, c'est-à-dire, *le cheval*, *l'éléphant*, *l'hippopotame* et *le tapir*, valent 4 points.

Les quatre n°s. 2, c'est-à-dire, *le taureau*, *le rhinocéros*, *le tigre*, *le cougar*, valent 3 points.

Les quatre n°s. 3, c'est-à-dire, *le chien*, *le chameau*, *le lion*, *le tatou*, valent 2 points.

Toutes les autres cartes ne sont comptées que pour un point, à la réserve de quelques-unes qui forment exception, et dont la valeur est fixée ainsi qu'il suit ; *l'ours blanc*, *le jocko*, *la giraffe* et *l'alouatte*, valent 4 points : *l'aigle*, *l'autruche*, *le casoar* et *le flamand*, en valent trois.

A valeur égale, les n°s. d'Europe ont le pas sur ceux de l'Asie, ceux-ci sur ceux de l'Afrique, et ces derniers sur ceux de l'Amérique.

La partie se joue en 15 coups.

A la fin de chaque coup celui qui a le plus de points relève les cartes.

Celui des joueurs qui dans l'intervalle des 15 coups a le plus de fois relevé les cartes, gagne la partie.

En cas de difficultés, les parens sont choisis pour arbitres.

En cas de partage entre les arbitres et de difficulté majeure, on écrit, franc de port, à l'auteur du *Courrier des Enfans*, qui juge la contestation en dernier ressort.

Avis relatif au Courrier des Enfans et au Courrier des Adolescens.

Le *Courrier des Enfans* et le *Courrier des Adolescens* se continuent toujours avec le plus grand succès ; et les matières qui les composent offrent toujours plus d'intérêt. L'Auteur depuis quelque temps pique la curiosité de ses jeunes lecteurs par des *anecdotes* toujours tirées d'un pays différent pour leur donner une idée du site, des mœurs, et des productions des pays étrangers. Au reste, chaque numéro est aussi varié qu'il est possible. Il paraît le premier de chaque mois un numéro du *Courrier des Enfans* de 72 pages d'impression sans compter la couverture ; et le 15, un numéro du *Courrier des Adolescens*, de la même étendue.

L'abonnement est toujours de 12 francs pour l'année, et de 6 francs pour six mois. Il reste quelques Collections des deux premières années, au prix de 24 francs.

Ceux des Abonnés auxquels il manque des numéros détachés, soit du *Courrier des Enfans*, soit du *Courrier des Adolescens*, ont la faculté de se compléter.

Toutes les lettres de demandes doivent être adressées, franches de port, *au Directeur du Courrier des Enfans, rue de Vaugirard*, n°. 1201, *à Paris.*

E | 2 | LE TAUREAU.

l'Histoire Naturelle du Taureau, le Tableau des services que le Bœuf et la Vache rendent à l'homme soit pendant leur vie, en cultivant ses terres et en lui fournissant du lait, soit après leur mort en lui servant de nourriture et en lui fournissant d'excellens cuirs exigeraient des dévelopemens considérables. Ceux qui les desireront peuvent consulter Buffon ou Bomare.

E | 1 | LE CHEVAL.

Le Cheval est connu de tout le monde par la beauté de sa taille, le courage, la force, la docilité de son caractère, et l'utilité infinie dont il est à l'Homme. Sa domesticité est si ancienne qu'on ne trouve plus de Chevaux Sauvages dans toutes les parties de l'Europe. Ceux que l'on voit par troupes en Amérique sont des chevaux domestiques et Européens d'origine que les Espagnols y ont transportés, et qui s'y sont multipliés.

E | 3 | LE CHIEN.

Le Chien est le plus familier de tous les animaux domestiques. Il possède un sentiment délicat que l'éducation perfectionne encore. Suivant Buffon, le Chien de berger est celui qui approche le plus de la race primitive, celui que la nature nous a donné pour la plus grande utilité, celui enfin que l'on peut regarder comme la souche et le modèle de l'espèce entière.

E | 4 | LE CHAT.

Quoique les Chats surtout quand ils sont jeunes ayent de la gentillesse, ils ont en même temps une malice innée un caractère faux, un minois hypocrite, un naturel pervers que l'âge augmente encore et que l'éducation ne fait que masquer. Leurs Ongles comme ceux du Tigre méritent l'attention des observateurs. L'Animal peut les cacher et les retirer dans leur fourreau par la contraction des Muscles qui les attachent.

As | 2 | LE RHINOCÉROS.

C'est le plus curieux et le plus grand de tous les quadrupèdes après l'Éléphant: il habite les déserts de l'Asie et de l'Afrique, mais le Rhinocéros d'Afrique a les oreilles plus petites et la corne ordinairement moins longue. Cet animal vit environ cent ans: il mange l'herbe comme le Bœuf: la corne qu'il a sur le nez est pour lui une arme redoutable qui le fait respecter des autres animaux; il en perce même le ventre de l'Éléphant. Les Indiens vendent cette corne fort cher; on en fait des vases précieux.

As | 1 | L'ÉLÉPHANT.

Quoiqu'il y ait beaucoup d'Éléphans en Afrique, les pays chauds de l'Asie paraissent être cependant leur climat naturel. L'Éléphant est le plus grand des quadrupèdes. Il a beaucoup d'instinct et de docilité: sa trompe (qui lui sert de main) est un instrument admirable: ses défenses sont ce qu'on appelle l'ivoire. Un Éléphant fait mouvoir des machines et transporte des fardeaux que six chevaux ne pourraient remuer.

As | 3 | LE CHAMEAU.

Le Chameau habite les pays tempérés de l'Asie et de l'Afrique. Cet animal diffère du Dromadaire en ce qu'il a deux bosses tandis que le Dromadaire n'en a qu'une. Il peut rester jusqu'à neuf jours sans boire, en faisant cependant chaque jour vingt cinq à 30 lieues et en portant des poids énormes. On le dresse dès son enfance à se baisser et à s'accroupir lorsqu'on veut le charger.

As | 4 | LE PANGOLIN.

Cet animal fait la nuance de la figure des quadrupèdes à celle des reptiles. Il est assez commun aux Indes orientales; on en voit aussi en Afrique. Les Pangolins résistent aux attaques des autres animaux par le tranchant de leurs écailles; les nègres seuls triomphent d'eux, mangent leur chair, et se servent de leurs écailles à plusieurs petits usages.

E 7   L'OURS BLANC.

Cet animal féroce ne quitte pas les rivages des mers du nord, et souvent même il habite en pleine eau sur des glaçons flottans. C'est principalement les cadavres des baleines, des phoques et des morses qui lui servent de pâture. La chair de ces Ours n'est dit on pas mauvaise à manger et leur peau fait une fourrure très chaude et très durable.

E 6   LE CERF.

C'est un de ces animaux innocens et tranquilles qui ne semblent faits que pour embellir la solitude des forêts. Il vit 35 à 40 ans. Il a l'œil bon, l'odorat exquis, l'oreille excellente; sa tête est parée d'un bois qui tous les ans se renouvelle. Il paraît qu'il y a des Cerfs dans toutes les parties de l'ancien et du nouveau continent.

As 7   LE PORC-ÉPIC.

Quoiqu'originaire des climats les plus chauds de l'Asie et de l'Affrique le Porc-épic peut vivre et se multiplier dans des climats moins chauds, tels que la Perse l'Espagne et l'Italie. Il a quelque ressemblance avec le Castor. Dans l'état de liberté il vit de racines et de graines sauvages sa chair quoiqu'un peu fade n'est pas mauvaise à manger.

E 5   LE RENNE.

Cet animal du genre des Cerfs se voit dans les pays du nord du côté du Pôle arctique. Il est farouche de sa nature mais les Lapons ont trouvé le moyen de l'apprivoiser. Les Rennes semblent destinés à remplir tous les besoins des Lapons, puisqu'ils leur servent de chevaux de vaches et de brebis.

| Af | 5 | LE ZEBRE. |

Le Zebre, ou l'âne sauvage et rayé, a la figure et les graces du Cheval et la legéreté du Cerf. Il ne se trouve que dans les parties les plus orientales, et les plus méridionales de l'Affrique, depuis l'Ethiopie, jusqu'au Cap de bonne esperance, et de là jusqu'à Congo. Le Zebre quoique d'un naturel doux est difficile à apprivoiser.

| Af | 6 | LA GIRAFFE. |

La Giraffe est un des plus beaux et des plus curieux animaux que l'Affrique produise. On lui a donné le nom de Caméléopard parcequ'il a quelque ressemblance avec le Chameau par la forme de sa tête, par la longueur de son cou, et que sa robe ressemble à celle des Léopards. La Giraffe ne se trouve pas dans le nouveau continent.

| Af | 1 | L'HIPPOPOTAME. |

Ce redoutable amphibie, avec lequel les Requins et les Crocodiles n'osent se mesurer, se trouve dans le Nil, dans le Niger, et généralement dans toutes les rivières des côtes d'Affrique. Il marche au fond des eaux comme en plein air: il vient souvent respirer sur l'eau et y hennir. Il n'est pas rare d'en rencontrer qui pesent jusqu'à quinze cent livres.

| Af | 4 | L'ANTILOPE. |

Ce joli quadrupède qu'on appelle aussi La Gazelle approche du Chevreuil pour la taille et pour la figure. Il se trouve communément en Affrique et aux Indes orientales. Les Gazelles ruminent. En général, elles ont les yeux noirs, grands très vifs et en même tems si tendres, que les orientaux comparent les beaux yeux d'une femme à ceux de la Gazelle.

Af 2 LE TIGRE.

Le véritable Tigre ne se trouve que dans les parties les plus mérid.les de l'Affrique et dans les pays chauds de l'Asie. Il est plus à craindre que le Lion. Il rugit à la vue de tout être vivant. Chaque objet lui paraît une nouvelle proye qu'il devore d'avance de ses regards avides, qu'il menace par des fremissemens affreux. Heureusement son espèce n'est pas nombreuse.

Af 3 LE LION.

Né sous le Climat brulant de l'Affrique, le Lion surpasse tous les animaux en intrepidité. Seul il attaque souvent une Caravane entière de Voyageurs. Les menaces, les cris, le bruit des armes à feu, ses blessures, le sang qui en découle l'irritent mais ne l'effraient point. Le Lion n'est pourtant pas cruel. Sa colere est noble et généreuse. Il sait garder le souvenir des bienfaits. Les Lions n'habitent que les climats brulans de l'Affrique et de l'Asie.

Af 7 LE BABIROUSSA.

Cet animal, commun dans les Indes orientales a quelque ressemblance avec le Cerf par sa grandeur et par sa figure, avec le Sanglier par son museau et par sa queue, et avec le Bouc par ses pieds. Les Indiens trouvent la chair de cet animal la plus délicate, la plus savoureuse et la meilleure de toutes celles des bêtes sauvages.

As 6 LE NASIQUE.

Le Nasique est une espèce de Singe du genre des Guenons, qui porte aussi le nom de Guenon-à-long-nez. Le caractère des Guenons ainsi que celui des Sapajous est d'avoir une queue fort longue, à la différence de plusieurs autres Singes qui n'en ont point, ou qui en ont une fort courte.

Am 5 | LA CHAUVE-SOURIS CÉPHALOTTE.

C'est une nouvelle espèce de Chauve-Souris que Pallas a fait connaître. On la trouve aux Moluques et dans le nouveau Continent. Le nom de Céphalotte lui vient de ce qu'elle a la tête plus grosse à proportion du Corps que les autres Chauve-Souris. Ses dents paraissent plutôt faites pour entamer les fruits que pour déchirer une proye.

Am 7 | LE MORSE.

Le nom d'Eléphant de Mer convient à ce robuste Amphibie. La nature a pourvu le Morse (aussi appellé Vache Marine) de deux formidables défenses non seulement pour se défendre contre ses ennemis, mais pour tirer de gros corps de dessus les glaces et les trainer vers le rivage. Cet animal est commun dans les Mers qui environnent le Pôle Arctique.

Am 6 | LE FOURMILIER.

Il y a plusieurs espèces de Fourmiliers. Celui-ci est le plus petit de tous. Il est commun à la Guyane et au Brésil. La langue de ces animaux est longue et ronde. Quand ils ont faim ils vont près d'une fourmillière, couchent leur museau à terre, sortent leur langue. Dans un instant elle est couverte de Fourmis. Alors ils la retirent en dedans et les engloutissent de la sorte.

Am 1 | LE TAPIR.

Cet animal a quelque ressemblance avec l'Eléphant, par l'espèce de trompe qu'il porte au bout du nez. C'est le plus gros de tous les quadrupèdes de l'Amérique Méridionale. Il est très commun dans l'intérieur des terres de la Guyane. A Cayenne on en élève quelques uns en domesticité. Ses mœurs tiennent un peu de celles du Cochon.

As | 5 | LE JOCKO.

Cette espèce de Singe, qu'on appelle aussi Orang-Outang, a beaucoup de conformité avec l'Homme du coté de l'organisation physique. Il se trouve en Afrique et aux Indes Orientales. Les Indiens lui ont donné le nom d'Homme Sauvage. Cependant la ressemblance de la forme, la conformité de l'organisation ni ne le raprochent de la nature de l'homme ni même ne l'élevent au dessus de celle des animaux.

Am | 4 | L'ALOUATTE.

L'Alouatte est un des plus grands animaux quadrumanes du nouveau Continent. C'est une espèce de Singe, du genre des Sapajous. On l'appelle aussi le Hurleur parcequ'il fait un bruit effroyable ayant dans la gorge une espèce de tambour osseux dans la concavité du quel le son de sa voix grossit et forme des hurlemens.

Am | 3 | LE TATOU.

Les Tatous sont originaires de l'Amérique et ils étoient inconnus avant la découverte du nouveau monde. Ces petits animaux sont très innocens; ils se nourrissent de fruits et de légumes. Lorsqu'ils sont poursuivis par les Chiens qui les ont bientôt joints, ils se contractent en une espèce de boule, et on les prend alors facilement.

Am | 2 | LE COUGAR.

C'est un animal féroce de l'Amérique. La légèreté et la longueur de ses jambes le rendent très propre à grimper aisément sur les arbres. Il s'y cache souvent et se jette dela sur sa proye. Le Cougar est assez commun à la Guyane. Si on passe la nuit dans les bois on l'éloigne en allumant du feu.

E | 8 | L'AIGLE.

Cet oiseau de proye diurne possède à un dégré éminent la vue perçante, la férocité, la voracité, la force du bec et des serres. Il aime les montagnes, et fait son nid sur les rochers les plus escarpés. On voit surtout des Aigles dans les pays Septentrionaux, parce qu'ils y trouvent des oiseaux aquatiques faciles à prendre à cause du peu de legereté de leur vol. On sait que l'Aigle enleve des Perdrix, des Lievres et même des Moutons vivans.

E | 9 | LE VAUTOUR.

Cet oiseau, dont il y a plusieurs espèces a un plumage assez brillant, mais il est de la classe de ces oiseaux qui n'ont que l'instinct de la basse gourmandise et de la voracité; qui sont attirés par l'odeur des cadavres, et ne combattent les vivans que quand ils ne peuvent s'assouvir sur les morts. Le Vautour est parmi les oiseaux, ce qu'est le Tigre parmi les quadrupedes.

E | 11 | LE CHAT - HUANT.

Le Chat-huant, aussi appellé Hibou est un oiseau de proye nocturne dont il y a plusieurs espèces ou variétés. Il vole de travers et sans faire de bruit; et crie la nuit en huant ou d'une manière lugubre. Il aime sur tout les nuits où la Lune brille. C'est alors qu'il chasse plusieurs heures de suite et fait d'amples provisions. Le jour il se retire dans le creux des arbres et dans les maisons abandonnées.

E | 10 | L'OUTARDE.

L'Outarde, en latin avis tarda tire son nom de la difficulté qu'elle éprouve à s'élever à cause de ses ailes courtes. Elle se nourrit de Grenouilles, de Souris, de petits Oiseaux et d'Insectes. Son cri est assez semblable a celui du Corbeau. Sa chair a le gout de celle du Dindon. On en voit beaucoup dans la ci-devant Champagne et dans le ci-devant Poitou.

E | 13 — LE PAON.

Le Paon est à la vue ce que le Rossignol est à l'ouïe. L'air de sa tête, la legereté de sa taille, les couleurs de son corps, les yeux et les nuances de sa queue, l'or et l'azur dont il brille de toute part, cette roue qu'il promène avec pompe, cette contenance pleine de dignité; tout en lui est remarquable. Le Paon aime à se percher sur les lieux elevés. Comme l'Oye il sert de garde aux maisons où il est, car il crie ordinairement quand il voit quelqu'un.

As | 8 — LE FAISAN.

Le Faisan est de la grosseur du Coq ordinaire, et peut en quelque sorte le disputer au Paon pour la beauté. Il a le port aussi noble, la demarche aussi fiere et le plumage presque aussi distingué. Celui de la Chine a même des couleurs plus éclatantes; mais il n'a pas comme le Paon la faculté de relever les longues plumes de sa queue. L'espèce du Faisan est assez répandue en Asie, en Afrique et en diverses parties de l'Europe. Le gout de ce gibier est des plus exquis.

E | 12 — LE COQ.

Tout le monde connait le Coq. C'est un oiseau qui annonce par son chant les heures du jour et de la nuit. Il est l'horloge vivante des gens de la campagne. Aussi les anciens l'ont-ils regardé comme le symbole de la vigilance. Les Coqs sont fiers et courageux et ils se battent entr'eux avec opiniatreté. En plusieurs endroits, et notamment en Angleterre, on les faits se battre en public.

As | 9 — L'OISEAU DE PARADIS.

Ce bel oiseau n'est pas fort répandu. La beauté de son plumage, la legereté de son vol, le rendent également remarquable. Il est appellé par les Indiens Oiseau de Dieu et par les Portugais Oiseau du Soleil. Son attachement exclusif pour les contrées où croissent les épiceries donne lieu de croire qu'il rencontre sur ces arbres aromatiques la nourriture qui lui convient le mieux.

| As | 11 | LA SARCELLE. |

de la Chine.

Cette belle Sarcelle est remarquable par la richesse et la variété de son plumage. Les Chinois représentent ces oiseaux sur leurs porcelaines et sur leurs plus beaux papiers. On ne peut mieux désigner le genre des Sarcelles qu'en disant que ce sont des Canards bien plus petits que les autres mais qui du reste leur ressemblent par les habitudes naturelles et par la conformation.

| As | 13 | LE PIGEON. |

Nonain.

C'est une espèce particuliere de Pigeons dont il y a plusieurs variétés. Les Pigeons sont communs en beaucoup de pays, mais surtout en Perse. On compte plus de trois mille Colombiers autour d'Ispahan. C'est un plaisir du peuple dans ce pays là de prendre des Pigeons à la campagne. Buffon dit qu'on connait en Asie l'art d'instruire le Pigeon a porter et a rapporter des billets a cent lieues de distance.

| As | 12 | LE PROMEROPS. |

Le Promerops est un oiseau étranger du genre des Huppes. Son caractere principal est d'avoir la queue extremement longue. Le plus beau des Promerops se trouve aux Indes où il est fort rare. Suivant Brisson le genre de ces oiseaux ne differe de celui de la Huppe que parceque ceux-là n'ont point de huppe sur la tête.

| Am | 10 | L'ARA VERT. |

Perroquet.

Tous les Aras sont naturels aux Climats du nouveau monde. Ils sont de tous les Perroquets les plus grands et les plus magnifiquement parés. On en compte quatre especes, le rouge, le bleu, le vert et le noir. L'Ara vert est le plus rare et le plus beau de tous. Il a les mœurs sociales et est bientôt familiarisé avec les personnes qu'il voit fréquemment. Le Persil est un poison pour les Perroquets et pour les Aras.

Af. 10 — L'OISEAU ROYAL.

Cet oiseau a été aussi appellé Paon Marin à cause de son panache, et Oiseau Trompète à cause de son cri qui est un son retentissant assés semblable aux sons rauques d'une Trompète ou d'un Cor. L'Oiseau Royal a les mœurs douces et paisibles. On assure qu'au Cap Vert il est à demi domestique, et qu'il vient manger du grain dans les basses cours avec les Pintades et les autres volailles.

Af. 11 — L'AUTRUCHE.

L'Autruche est le géant des oiseaux; mais sa grandeur la prive de la puissance de voler. Son poids est très lourd. Une Autruche vivante et mediocrement grasse pèse de 75 à 80 livres. D'ailleurs ses ailes sont mal conformées, et ne lui servent que pour courir avec plus de vitesse, en se deployant comme des voiles. Les Autruches habitent l'Afrique et les Iles voisines de ce Continent, ainsi que la partie de l'Asie qui confine à l'Afrique.

Af. 9 — LA FRÉGATE.

C'est de tous les oiseaux celui qui vole le plus haut, le plus longtems, le plus aisément et qui s'eloigne le plus de terre. On l'appelle Frégate par allusion à la rapidité de son vol, qui semble imiter la vitesse des vaisseaux qui portent ce nom, et qui sont les meilleurs voiliers de la Mer. C'est entre les Tropiques, ou un peu au dela, que se trouvent les Frégates dans les Mers des deux mondes. Elles vivent de Poissons.

Af. 8 — LE CALAO.

Le Calao, dont il y a plusieurs espèces, est remarquable par son bec surmonté d'une excroissance, dont nous ignorons l'utilité. Ce bec loin d'être fort en proportion de sa grandeur est au contraire très faible. Il nuit plus qu'il ne sert à l'oiseau qui le porte. Le Calao saute des deux pieds comme la Pie et a quelque chose de ses habitudes.

Af 13 — LE CASOAR.

C'est peut être le plus extraordinaire de tous les oiseaux. Sa taille est gigantesque comme celle de l'Autruche. Son corps est couvert d'une espèce de crinière; et cinq ou six tronçons semblables aux piquans du Porc-épic occupent la place que devraient occuper ses ailes. Il est si vigoureux qu'il renverse un homme avec ses pieds. Les Hollandais rapportèrent cet oiseau des Indes orientales au premier voyage qu'ils y firent.

As 10 — LE LORI.

On a donné le nom de Loris, dans les Indes orientales, à une famille de Perroquets dont le cri exprime assez bien le mot Lori. Ce sont les plus agiles de tous les Perroquets. Ils apprennent très facilement à siffler et à articuler des paroles; on les apprivoise aussi fort aisément, et, ce qui est assez rare dans tous les animaux, ils conservent de la gaité dans la captivité.

Af 12 — LE SECRETAIRE.
ou le Messager.

Cet oiseau d'Afrique a la tête d'un oiseau de proye et les pieds d'un oiseau de rivage. Au reste avec les armes des oiseaux carnaciers il n'a rien de leur férocité. On a commencé à le rendre domestique au Cap de Bonne Espérance. Il aime à se nourrir de Serpens. Il doit le nom de Secrétaire au paquet de longues plumes qui pend derrière son cou.

Am 12 — LE FLAMMAND.
ou Phénicoptère.

On appelle cet oiseau Flammand, non pas qu'il nous vienne de Flandres, mais parce que ses ailes sont couleur de flamme. Il est habitant des contrées du midi, et se trouve dans l'ancien continent, depuis les cotes de la Méditerranée, jusqu'à la pointe la plus australe de l'Afrique. On en trouve un grand nombre dans les îles du Cap Verd. On doit remarquer que les oiseaux à longs pieds ont aussi le cou fort long.

| Am | 11 | LE TOUCAN. |

Cet oiseau n'est désigné à Cayenne que par l'épithète de Gros-bec. Plusieurs voyageurs l'appellent l'Oiseau tout bec. Ce bec monstrueux fatiguerait prodigieusement la tête et le cou du Toucan s'il n'était pas d'une substance légère; mais il est si mince qu'on peut sans effort le faire céder sous les doigts. Les Toucans sont répandus dans tous les climats chauds de l'Amérique méridionale.

| Am | 9 | LE JABIRU. |

Cet oiseau est le premier des oiseaux de rivage si on donne la primauté à la grandeur et à la force. Il habite les bords de l'Amazone et de l'Orénoque et détruit les reptiles dont ces bords sont couverts. Son bec est fort vigoureux. Son cou est gros comme le bras d'un homme. Sa chair quoiqu'ordinairement très sèche n'est point mauvaise.

| Am | 13 | LE KAMICHI. |

Le Kamichi habite les bords des grands fleuves de l'Amérique, tels que l'Amazone, la Plata, l'Orénoque, et fait la guerre aux nombreux et redoutables reptiles qui s'y trouvent. Son cri est perçant et terrible, mais ses mœurs sont douces, et on peut le regarder comme un modèle de fidélité conjugale; car le mâle et la femelle ne se survivent pas l'un à l'autre.

| Am | 8 | LES OISEAUX-MOUCHES |

Il y a plusieurs espèces d'Oiseaux-mouches. Ces jolis petits oiseaux ont tous reçu en partage la légèreté, la grâce et la richesse de la parure. Il ne se posent que pour passer la nuit et se laissent pendant le jour emporter dans les airs. Leur vol est continu, bourdonnant et rapide. Ils vivent du suc des fleurs qu'ils ont l'art de pomper avec leur langue. C'est dans les contrées les plus chaudes du nouveau monde que se trouvent toutes les espèces d'Oiseaux-mouches.

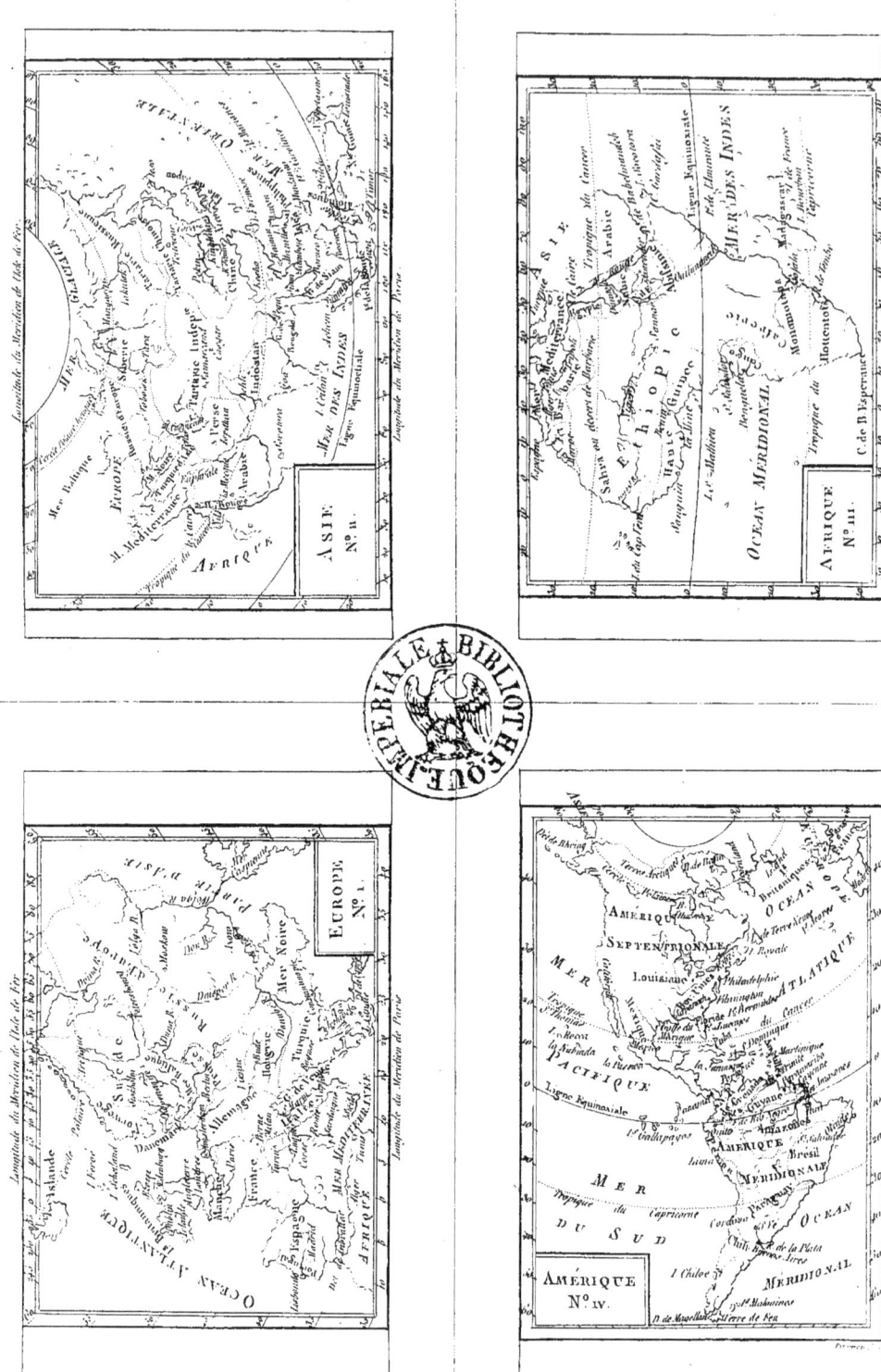

www.ingramcontent.com/pod-product-compliance
Lightning Source LLC
Chambersburg PA
CBHW060704050426
42451CB00010B/1267